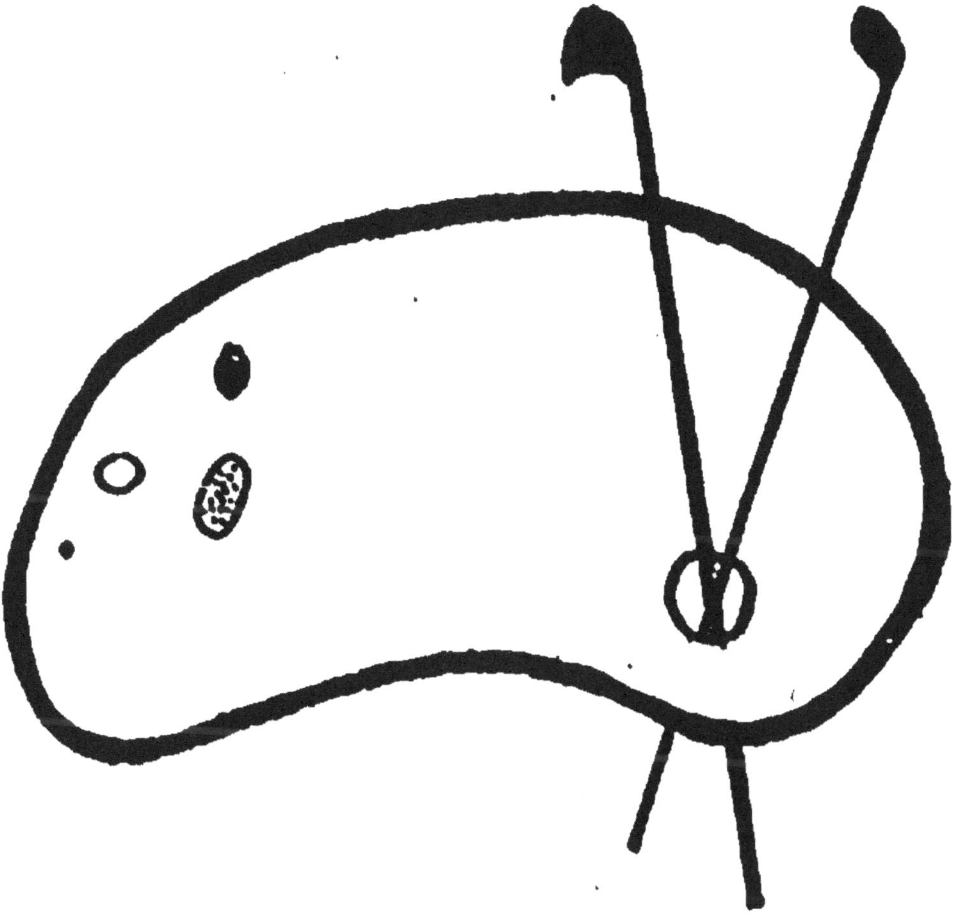

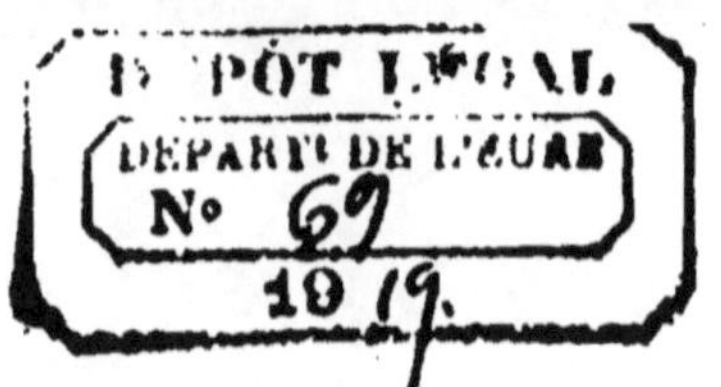

EUROPÉENS ET INDIGÈNES

L'Effort de Madagascar

pendant la guerre

AU POINT DE VUE FINANCIER, ÉCONOMIQUE ET MILITAIRE

Conférence de

M. le Gouverneur Général GARBIT

COLONEL D'ARTILLERIE DE RÉSERVE

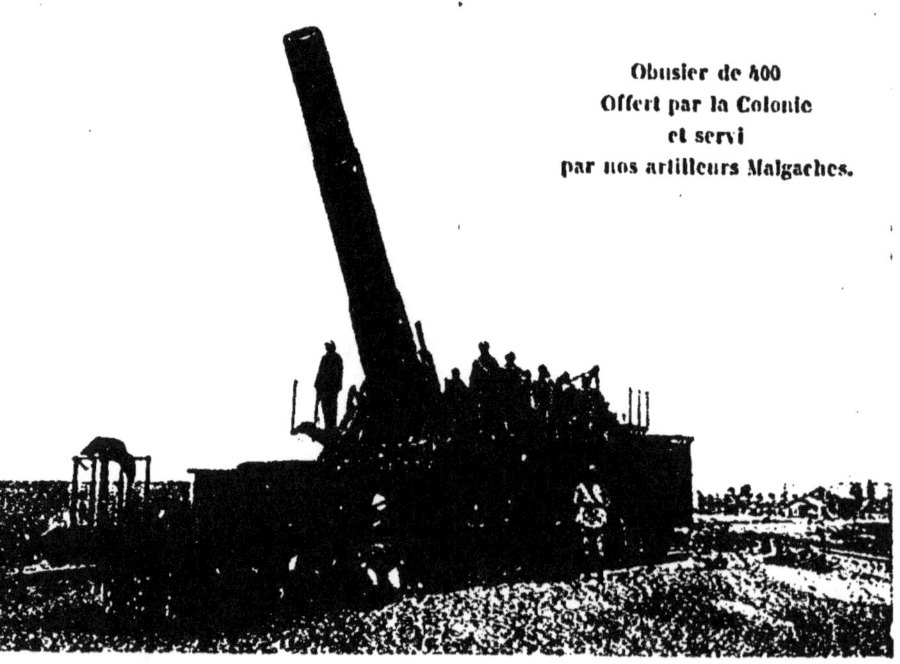

Obusier de 400
Offert par la Colonie
et servi
par nos artilleurs Malgaches.

1919

A. CHALLAMEL, ÉDITEUR
Rue Jacob, 17

TYP. FIRMIN-DIDOT. — MESNIL

L'Effort de Madagascar

pendant la guerre

GOUVERNEUR GÉNÉRAL GARBIT
COLONEL D'ARTILLERIE DE RÉSERVE

L'Effort de Madagascar pendant la guerre

AU POINT DE VUE FINANCIER, ÉCONOMIQUE ET MILITAIRE

EUROPÉENS ET INDIGÈNES

PARIS
AUGUSTIN CHALLAMEL, ÉDITEUR
RUE JACOB, 17
Librairie Maritime et Coloniale

1919

L'EFFORT DE MADAGASCAR
PENDANT LA GUERRE

Conférence faite par M. le gouverneur général GARBIT, à l'École coloniale, le 16 mai 1919, sous la présidence de M. Paul DOUMER, sénateur, ancien ministre, ancien président de la Chambre des députés [1].

MESSIEURS,

Je dois tout d'abord remercier M. Doumer d'avoir bien voulu accepter la présidence de cette réunion.

1. Étaient présents : M. le général Berdoulat, gouverneur militaire de Paris, M. le général de division Roques, ancien ministre de la Guerre, M. Jean Morel, sénateur, ancien ministre des Colonies, M. Cazeneuve, sénateur, vice-président de la Commission de l'Armée, M. le général de division Lombard, président du Comité technique des troupes coloniales, M. le général de division Gossot, etc., etc.
Étaient représentés : M. le maréchal Joffre, M. Clémentel, ministre du Commerce, de l'Industrie et des P. T. T., ancien ministre des Colonies, etc.

Je lui en suis tout particulièrement reconnaissant, car je n'ai pas oublié le temps où, jadis, j'ai eu l'honneur de servir sous ses ordres — très indirectement et de très loin, — alors qu'il gouvernait l'Indo-Chine française.

Il voudra bien, j'espère, me pardonner; mais je ne puis résister au désir de lui dire, aujourd'hui, la respectueuse admiration que nous éprouvions tous, là-bas, hauts et petits fonctionnaires, officiers de tout grade (j'étais parmi ceux-ci) pour son activité prodigieuse, sa compétence universelle, ses décisions toujours rapides et sûres : en un mot, pour son œuvre et pour sa personne.

Je remercie aussi les hautes personnalités qui ont bien voulu se rendre à l'invitation de l'École ou se faire représenter ici, et vous tous, Mesdames et Messieurs, qui avez consenti à sacrifier une heure de votre repos — ou de vos distractions dominicales — pour venir m'entendre. Je tâcherai d'être concis et, en fin de séance, le Service cinématographique de l'armée, qui a bien voulu nous prêter son gracieux concours, fera défiler quelques films qui n'ont pas été pris au parc Monceau : ce sera, en quelque sorte, une compensation à la pénitence que vous vous êtes volontairement infligée.

*
* *

Je dois déclarer que, lorsque le conseil d'administration de l'École m'a proposé de faire cette conférence, j'ai accepté avec empressement : c'était une occasion qui m'était offerte de faire mieux connaître le concours relativement si important que s'est efforcée de donner à la défense nationale, depuis le début des hostilités, la colonie que j'ai eu l'honneur d'administrer.

Madagascar, une des dernières venues dans le giron de la France, comme une jeune fille modeste et sage, a fait peu parler d'elle. Son effort est resté presque ignoré, même du public généralement averti des choses coloniales; mais je n'ai pas le droit d'être modeste à ses dépens; je ne le serai donc pas : j'aime mieux vous l'avouer de suite.

Vous voudrez bien m'en excuser, considérant

que j'ai un devoir à remplir : c'est de dire combien et comment, colons, fonctionnaires et indigènes rivalisèrent de zèle, d'enthousiasme patriotique et d'esprit de sacrifice pour venir en aide à la mère patrie, au cours de cette guerre qui lui fut si injustement et si cruellement imposée.

Ils se sont conduits en enfants fidèles : la métropole doit le savoir. Quant à moi, qui ai reçu de tous un concours si complet, qui ai constaté le dévouement absolu à la chose publique, dans toutes les circonstances et de toutes les manières, de mes collaborateurs et de mes administrés de toute couleur, je suis heureux de leur adresser aujourd'hui, devant vous, le juste tribut de ma reconnaissance.

*
* *

Il serait peut-être désirable de commencer par vous « présenter » la colonie dont je vais vous parler. Mais la plupart d'entre vous la connaissent déjà. Je me contenterai donc de quelques indications sommaires pour le cas où il se trouverait, parmi l'assistance, des auditeurs qui n'aient pas encore hanté les bords de la Betsiboka ou bu de l'eau de Manangarèze.

La surface de Madagascar est officiellement de 592.000 kilomètres carrés. Sa population de 3.500.000 indigènes, 17.000 européens (troupes non comprises), 6.000 asiatiques. Sa plus grande longueur est d'environ 1.700 kilomètres, et sa plus grande largeur de 600 kilomètres.

Géographiquement, elle peut se diviser en trois zones :

La zone côtière, qui revêt l'apparence générale des régions tropicales (palmiers, pandanus, bambous, arbres du voyageur, etc.); avec une note spéciale pour l'extrême sud, à la végétation de cauchemar, aux arbres épineux et sans feuille, parmi lesquels le cactus finit par prendre une physionomie sympathique.

La zone des plateaux, dont l'altitude varie de 1.000 à 1.400 mètres, avec quelques pitons atteignant 3.000 mètres : apparence mamelonnée, paysages verts pendant la saison des pluies et rouges lorsque le soleil a desséché les chaumes.

C'est cette apparence qui a fait dire à un fin lettré qui, jadis, explora le pays : « La terre de Madagascar a la couleur de la brique ; elle en a aussi la fertilité. » La boutade est spirituelle, mais elle est injuste.

Dans cette région, les horizons découpés et embrumés, les rizières reflétant les tonalités délicates du ciel, les couchers de soleil aux nuances de rêve ou de feu, tels qu'il n'en existe nulle part au monde, constituent des spectacles susceptibles d'émouvoir les artistes les plus difficiles.

Entre les plateaux et la côte s'étend, dans la région intermédiaire, un anneau boisé : forêts silencieuses, hantées surtout par des lémuriens, makis ou indris de toute taille, qui, souvent, suivent avec curiosité le voyageur, comme s'ils étaient désireux de nouer des relations avec lui, en quoi ils ont bien tort : la fréquentation de l'homme est généralement dangereuse pour ces inoffensifs animaux.

Les races qui habitent ce pays sont nombreuses et diverses. Celles des plateaux (Hovas et Betsiléos) ont conservé d'importants indices de leur origine malaise, généralement admise; celles de la côte se rapprochent parfois des tribus africaines. Une étude ethnographique nous entraînerait trop loin; je me contenterai d'indiquer sommairement quelques caractères communs.

D'une manière générale, les Malgaches sont de mœurs douces, hospitalières. Ils n'ont pas besoin d'asiles pour leurs pauvres : les parents ou les villages subviennent tout naturellement à leurs besoins. Ils n'ont point d'orphelinats : lorsque le père et la mère viennent à disparaître, la famille ou, à défaut, les voisins, se disputent les enfants. Ils les aiment, non pour le profit qu'ils en espèrent tirer, mais pour eux-mêmes, car si on les laissait faire, ils les enverraient à l'école jusqu'à vingt ans. Toutefois, ils désirent aussi avoir, par eux, un soutien dans leur vieillesse et des descendants (naturels ou d'adoption) pour les soins à donner à leur tombeau.

La question féminine, chez eux, est toute résolue. Dans la famille, la femme est l'égale de l'homme : elle a même une situation privilégiée car, grâce au matriarcat, elle a la propriété de ses enfants.

Les Malgaches ont le culte des morts, non point seulement de leur dépouille, mais aussi de leur souvenir. Et l'on voit, parfois, s'élever dans la brousse un « village spirituel », pierres levées dont chacune représente un membre disparu de la famille. Ainsi, les images des êtres chers sont réunies et peuvent, dans la pensée de ceux qui leur rendent cet hommage, converser mystérieusement entre elles.

En général, ces indigènes ne sont pas naturellement guerriers ; mais ils sont accessibles aux sentiments élevés et peuvent, par eux, acquérir des vertus combatives, ainsi que nous le verrons tout à l'heure.

Ils sont généralement doux avec les animaux, mais négligents dans leurs soins ; ils ont même quelque tendance à réduire à la portion congrue leurs bêtes domestiques et à les laisser se débrouiller toutes seules pour trouver leur nourriture. La plupart des tribus ont l'amour de leurs troupeaux qui constituent pour elles une sorte de luxe ; elles les immolent surtout à l'occasion des grands événements familiaux. Ceci ne va point sans une certaine tendresse pour leurs bœufs, ainsi que le montre cet incident dont je fus témoin au cours d'une tournée dans le Sud où j'accompagnai, en 1906, M. Augagneur, alors gouverneur général. Comme les Indiens qui avaient besoin d'animaux de trait pour leurs transports se plaignaient de la difficulté qu'ils éprouvaient à s'en procurer, auprès du chef de la colonie, celui-ci interrogea les indigènes en cause (des Antandroys) qui répondirent : « Ce n'est pas une question de prix; mais les Indiens maltraitent leurs bœufs et ne les nourrissent pas ; qu'ils prennent plus de soins d'eux et nous consentirons à leur en vendre. »

Ce tableau, nous devons le dire pour être impartial, présente un point noir. Dans beaucoup de régions, le Malgache est peu travailleur. La raison en est bien simple : il a des besoins très limités et peut les satisfaire sans effort.

Par quels procédés pourrait-on modifier cet état de choses? Il en existe trois : la force, la persuasion, l'intérêt.

Il n'est pas nécessaire de discuter le premier.

Il ne saurait, même si nous en acceptions le principe, donner, d'une façon permanente, de bons résultats.

La persuasion, dans beaucoup de cas, peut être efficace, mais seulement d'une manière temporaire. L'effet des *kabarys* (discours) s'atténue et disparaît vite.

Reste l'intérêt. Il faut arriver à donner à l'indigène le désir de plus de bien-être, de plus de confortable et, par là, on arrivera progressivement, assez rapidement si on s'attache à cette tâche essentielle, à augmenter sa puissance de production.

*
* *

Il est temps, Mesdames et Messieurs, de vous parler enfin du sujet de cette conférence : « L'effort de Madagascar pendant la guerre ».

J'examinerai successivement le concours financier, le concours économique et le concours militaire, qu'elle a apportés à la métropole.

Mais il est un genre de concours un peu spécial

sur lequel je veux, tout d'abord, appeler votre attention : c'est celui des hommes, j'entends des chefs, que la colonie a donnés à la France depuis le début des hostilités.

Par une coïncidence tout au moins curieuse, quatre ministres de la Défense nationale ont jadis commandé ou servi à Madagascar : M. *Augagneur* qui fut ministre de la Marine, MM. les généraux *Galliéni, Roques*[1] et *Liautey* qui furent ministres de la Guerre. Et c'est l'ancien organisateur du point d'appui de Diégo-Suarez, j'ai nommé le *maréchal Joffre,* qui reçut, lorsqu'éclata la tourmente, la terrible mission de commander nos armées et sut arrêter la marche triomphale de l'ennemi par une des plus grandes victoires de l'histoire du monde.

Le gouverneur militaire actuel de Paris, M. le général *Berdoulat,* qui s'est couvert de gloire pendant la guerre, fut jadis un des brillants officiers du corps d'occupation, ainsi que M. le général *Gossot,* tous deux ici présents. Et le

1. A qui revient en grande partie l'honneur de la construction du premier tronçon du chemin de fer de Tananarive à la côte est.

général *Desgouttes*, qui commanda notre armée du Nord, le général *Bourgeois*, le savant directeur du Service géographique, le général *Herr*, inspecteur général de l'artillerie, firent jadis partie du corps expéditionnaire auquel j'avais l'honneur d'appartenir moi-même.

En parlant de ces hommes, je n'entends pas mettre ce genre de concours à « l'actif » de la colonie, mais bien à son « passif ». Pour avoir été dotée de tels chefs, alors qu'elle s'éveillait à la civilisation, Madagascar a contracté, vis-à-vis de la métropole, une dette de reconnaissance; nous allons voir à l'instant comment elle s'est efforcée de l'acquitter.

CONCOURS FINANCIER

Nous devons distinguer le concours du budget local et celui des particuliers. Mais, à vrai dire, cette distinction est artificielle, car les dons du budget local furent supportés, comme les autres, par les contribuables et, en outre, ils répondirent, chaque fois, à la volonté unanime de la population, manifestée par l'ensemble des corps constitués de la colonie.

Dons du budget local.

Une somme de *2.000.000 de francs* (dont un prélevé sur la caisse de réserve et un sur les ressources annuelles) fut offerte à la métropole pour la fabrication d'artillerie de gros calibre. Elle servit, en particulier, à la construction de mortiers de 400 qui furent d'ailleurs équipés avec des artilleurs malgaches.

Une somme de *100.000 francs* fut attribuée aux régions libérées.

La colonie offrit, en outre, à la métropole, de prendre à sa charge 100 orphelins de la guerre qui devaient, en principe, recevoir une éducation propre à en faire plus tard d'utiles colons.

Je cite pour mémoire la prime de 20 francs allouée par la colonie aux anciens tirailleurs qui demandèrent à venir combattre en France (et qui ne touchaient pas de prime de l'État), la prime payée aux recruteurs indigènes (2 francs par homme recruté), l'envoi de bœufs vivants, etc., le tout représentant un total appréciable.

Contributions particulières.

Je mentionnerai, en première ligne, la *souscription des ambulances coloniales* : la part de Madagascar est de *5.248.000 francs* (ce qui donne le chiffre énorme de 1 fr. 50 par habitant).

Les Européens, colons, fonctionnaires, donnèrent largement. Les premiers apportèrent mensuellement une part de leurs bénéfices ou de leurs appointements. Quant aux seconds, ils décidèrent, en dehors des contributions exceptionnelles, d'abandonner mensuellement, au profit de la souscription, une journée de leur traitement, de leur supplément colonial et de leurs frais de représentation.

Mais il convient de signaler d'une façon toute particulière, la générosité dont firent preuve les indigènes, bien que généralement peu fortunés.

Je rapporterai, à cet égard, un fait caractéristique :

Lorsque parvint la nouvelle du premier Malgache tué à l'ennemi, les habitants du village où résidait à ce moment son père (Maevatanana), édifièrent, en son honneur, une « pierre levée » et, pour commémorer cet événement, glorieux pour Madagascar, ils ouvrirent une souscription spéciale et m'envoyèrent, immédiatement, une somme de 100.000 francs pour être versée aux ambulances coloniales, en même temps qu'ils adressaient 20.000 francs au général commandant supérieur des troupes pour l'œuvre de la Croix-Rouge française.

Mais, en dehors de cette souscription principale, il faut citer les nombreuses « journées », celle du 75, celle des *orphelins*, celle des *mutilés de la guerre*, la *journée Galliéni*, etc., qui produisirent chacune, *deux à trois cent mille francs* de recettes. Les Malgaches apportèrent chaque fois leur concours le plus enthousiaste, et les « ramatoas » (femmes indigènes), dans la vente des insignes, rivalisèrent de zèle et de grâce, à la fois délicate et indiscrète, avec les femmes françaises qu'elles s'efforçaient de prendre pour modèle.

Je dois citer encore les œuvres nombreuses pour lesquelles toutes les bourses s'ouvrirent largement, notamment deux d'entre elles, qui donnèrent des résultats exceptionnellement brillants et qui font le plus grand honneur aux dames qui les dirigèrent avec tant de dévouement, dont *Mme Gautheron*, femme du général commandant supérieur des troupes, pour la Croix-Rouge, et *Mme Girod*, femme du directeur des Travaux publics, pour l'œuvre de l'Automobile-Club.

Je ne mentionnerai que pour mémoire les importantes souscriptions des Européens et des indigènes aux bons du Trésor et aux différentes souscriptions de la Défense nationale.

CONCOURS ÉCONOMIQUE

Il me suffira d'indiquer quelques chiffres pour faire ressortir le rôle de la colonie dans la production des denrées alimentaires ou des principaux produits qui furent utilisés pour la nourriture des troupes et de la population civile de la métropole, ou dans les différentes industries se rattachant à la Défense nationale.

Produits alimentaires.

Viandes frigorifiées ou en conserves. — Les exportations de *4.154 tonnes* (pour 5.710.000 francs) en 1914, passèrent à 9.154 tonnes en 1915, à 11.104 tonnes en 1916, et enfin à *16.703 tonnes* (pour 22.600.000 francs) en 1917.

Dès cette date, cinq importantes usines de viandes frigorifiées ou de conserves de bœuf étaient en plein fonctionnement : une à Majunga, une à Tamatave, deux à Diego-Suarez, une à Tananarive, et une magnifique usine de conserves de porc venait d'être inaugurée à Antsirabé.

Légumes secs. — Les exportations passèrent de *8.993 tonnes* (pour 3.692.000 francs) en 1914, à *14.346 tonnes* (pour 7.477.000 francs) en 1916, avec un chiffre à peu près égal pour 1917.

Une partie de ces produits, toutefois, les « pois du Cap », furent exportés en Angleterre. Bien qu'indirectement, puisqu'ils furent utiles à nos alliés, ils nous servirent aussi à nous-mêmes; mais je dois signaler, à ce sujet, l'ostracisme inexplicable dont ils furent frappés en France où on les déclara pendant longtemps « toxiques », alors qu'ils constituaient, chez nos voisins et amis, une variété au contraire tout particulièrement appréciée et recherchée.

Manioc. — Sous toutes ses formes : manioc sec, farine de manioc, fécule, tapioca.

L'exportation passait de *17.000 tonnes* (pour

1.959.000 francs) en 1914, à *21.263 tonnes* (pour 2.945.000 francs) en 1917.

Cette augmentation eût été plus importante sans la rareté des moyens de transport. Mais il est nécessaire de signaler, sur les chiffres indiqués ci-dessus, l'augmentation considérable de la proportion de manioc « enrichi » sous forme de farine de manioc et, surtout, de fécule et de tapioca. En pleine guerre, des usines furent construites et mises en service.

Divers. — Je citerai, pour mémoire, le *riz*, les produits coloniaux proprement dits : *café, cacao*, etc., *les conserves de volailles*, etc., etc.

Produits nécessaires à l'industrie.

Graphite. — Il convient de mentionner, en première ligne, ce produit indispensable à nos usines de guerre.

Pendant longtemps, cependant, et même dans les premiers mois des hostilités, l'industrie française était rebelle à l'emploi du graphite de Madagascar, ou du moins, elle ne consentait à l'utiliser qu'à la condition expresse qu'il soit allé, préalablement, se faire baptiser graphite de Colombo en Angleterre.

L'exportation passa de *7.910 tonnes* (pour 3.176.000 francs) en 1914, à 12.189 tonnes (pour 3.657.000 francs) en 1915, enfin, à *26.209 tonnes* (pour 11.794.000 francs) en 1916. Ce chiffre fut encore légèrement dépassé en 1917, malgré les difficultés des moyens de transport.

Cuirs. — L'exportation passa de *5.527 tonnes* (pour 10.144.000 francs) en 1914, à 7.864 tonnes (pour 13.361.000 francs) en 1915, puis à *8.522 tonnes* (pour 15 millions) en 1916. Une chute se produisit en 1917 en raison de la rareté du fret.

Là encore l'industrie française n'utilisait qu'avec répugnance, avant la guerre, les peaux de nos « zébus » malgaches (la bosse les dépréciait, paraît-il). Beaucoup prenaient le chemin de l'Allemagne. Il faut espérer que, dans l'avenir, elles ne le retrouveront pas et que la métropole, qui a su s'accommoder de la présence de la bosse pendant la guerre, continuera à le faire pendant la paix.

Écorces à tan. — Ici, ce n'est pas un accroissement dans le chiffre des exportations qu'il convient de signaler : de *11.406 tonnes* en 1914, elles tombaient à *2.953 tonnes* en 1915 pour remonter à *4.349 tonnes* en 1916. Mais il faut dire qu'avant la guerre, la totalité de nos écorces tannifères allait en *Allemagne*. Il a fallu les impérieux besoins qui se sont manifestés depuis, pour que la métropole consentît à les utiliser. C'est donc, en fait, un concours *nouveau* que Madagascar a donné à l'industrie nationale.

Raphia. — Le total annuel des exportations s'est maintenu, pendant la guerre, aux environs de 4.500 tonnes (pour 2.500.000 francs) que donnent les statistiques de 1914.

Toutefois, une partie de notre raphia, avant la guerre, allait également en Allemagne. En outre, son emploi s'est modifié. Tout le monde connaît, en particulier, l'utilisation qui fut faite de ce produit dans la préparation des camouflages.

Divers.— Il convient de signaler, pour mémoire, un certain nombre d'autres produits, tels que la *gomme copal* (utilisée en pyrotechnie comme vernis hydrofuge) qui, avant la guerre, allait surtout en Allemagne, les *corindons industriels*, le *tsorindrano*, racine qui, grâce à sa légèreté extrême[1], fut utilisée pour la fabrication des appareils de sauvetage des militaires envoyés en France, etc. ; et d'autres dont l'essai commençait (bois de fusil, plantes à cellulose pour la fabrication de la poudre, etc.).

1. Propriété découverte par *M. Lanfrey*, colon à Madagascar.

CONCOURS MILITAIRE

Rôle de Madagascar dans l'Océan Indien.

Il convient de mentionner le rôle indirect, mais réel, de la colonie dans la conquête de l'Est-Africain allemand.

Tout d'abord, une colonne expéditionnaire fut entièrement organisée, personnel et matériel; si elle fut finalement maintenue à Madagascar, elle n'en constitua pas moins, pendant un assez long temps, une « réserve éventuelle », dont la seule présence, à proximité du théâtre des opérations, représentait un concours moral pour nos alliés.

En outre, la colonie, en particulier par l'envoi de conserves de viande, de bœufs vivants, coopéra au ravitaillement des colonnes anglaises et aussi des troupes portugaises qui opéraient dans le sud.

Enfin, nos postes de T. S. F., en interceptant les signaux suspects et en les communiquant immédiatement à nos alliés, contribuèrent, dans une certaine mesure, à l'efficacité du blocus de la colonie allemande.

Envoi en France de matériel de guerre.

La colonie, naturellement, expédia en France tout le matériel de guerre dont elle pouvait se passer : canons de gros et de petit calibres, fusils, munitions d'artillerie et d'infanterie, canons de côte qui furent utilisés pour l'artillerie à grande puissance, canons de 95 qui servirent à armer nos bateaux marchands contre les sous-marins et les croiseurs corsaires, etc.

Au total, le matériel de guerre envoyé en France, dépassa 1.200 tonnes.

Concours en hommes.

J'arrive, enfin, au concours direct, à l'impôt du sang, que la colonie s'efforça d'acquitter du mieux qu'elle put, comme elle le devait. Je distinguerai le concours des Européens et celui des indigènes.

Européens.

Le principe qui servit de base à l'effort en hommes — en Européens — fut celui-ci : donner à la métropole le plus de soldats possible, tout en maintenant la vie économique du pays, de façon à pouvoir réaliser, en même temps, le concours maximum, sous forme de produits de toute nature nécessaires, directement ou indirectement, à la Défense nationale.

Le problème était particulièrement difficile : les fonctionnaires dont la présence était politiquement et administrativement nécessaire, ne représentent, à Madagascar, que le *cadre supérieur* de l'administration : les indigènes remplissent tous les emplois subalternes. L'élasticité des effectifs était donc très faible, d'autant plus que, par suite de la mobilisation d'un certain nombre de fonctionnaires présents en France au moment de la déclaration de guerre, la relève se trouvait interrompue.

Les colons, eux, constituent le *cadre économique* du pays, comme les fonctionnaires en forment le cadre administratif. Chacun d'eux a un rôle utile, parfois essentiel, dans l'organisation agricole, commerciale ou industrielle

Néanmoins, grâce à la bonne volonté, au dévouement de tous, le but que l'on s'était proposé put être entièrement atteint.

Toutes les jeunes classes d'abord, puis, successivement, des classes de plus en plus anciennes, furent mobilisées; les sursis, de revision en revision, furent de plus en plus rares. Les demandes, examinées au premier degré par les corps constitués compétents, étaient ensuite étudiées par une commission supérieure constituée à Tananarive et comprenant des officiers, des colons et des fonctionnaires.

Mais il est une chose que je dois dire : c'est le désir qu'avait chacun de partir, de telle sorte que la plus grande difficulté était, souvent, de maintenir à leur poste, dans la colonie, ceux dont la présence, économiquement ou administrativement, paraissait indispensable. D'ailleurs, pendant que les chefs de service, soucieux des responsabilités qui leur incombaient, défendaient les demandes de sursis qu'ils avaient présentées pour des subordonnés qu'ils voulaient conserver (le plus souvent contre leur gré), eux-mêmes, dans le même temps, me harcelaient de réclamations pour être personnellement mobilisés.

Je citerai quelques chiffres. Dès le début de la mobilisation, une partie importante des effectifs de l'armée active (bien faibles en Européens, puisqu'ils ne comprenaient, au total, que deux bataillons et quelques batteries, en dehors des cadres des troupes indigènes) furent embarqués pour la France, savoir : 126 officiers, 264 sous-officiers, 1.060 hommes.

Après l'appel des réserves, furent embarqués, successivement, le reste des hommes de l'active, remplacés par des réservistes, puis des réservistes, remplacés eux-mêmes par des hommes appartenant à l'armée territoriale ou à sa réserve.

Le total des réservistes embarqués en octobre

1916 atteignait : *48 officiers, 42 sous-officiers, 4.687 caporaux et soldats* des différentes armes[1].

Le nombre des officiers et sous-officiers indiqué ci-dessus est relativement faible par rapport à celui des hommes de troupe : cela tient à ce qu'il fallut remplacer, dans l'encadrement des troupes indigènes, *la totalité des officiers et gradés de carrière* qui furent successivement rapatriés et dont le chiffre, que je ne possède pas, n'est pas compris dans ceux qui sont indiqués ci-dessus.

Cet effort apparaîtra énorme si on le compare à la totalité de la population européenne de Madagascar.

Il ne put être accompli que grâce à l'utilisation de tous les Européens, quel que soit leur âge, inemployés dans la colonie; au concours dans l'administration d'auxiliaires, de dames européennes; au remplacement, aussi bien dans les entreprises privées que dans les services publics,

1. Ce chiffre comprend les réservistes de la Réunion envoyés à Madagascar où ils recevaient une instruction militaire avant leur embarquement pour la France.

des Européens par des indigènes, dans tous les emplois que ceux-ci pouvaient remplir; au concours d'un certain nombre d'habitants de la Réunion, inaptes au service militaire, qui, de la colonie voisine, vinrent à Madagascar et y rendirent les meilleurs services; à la suppression de tous les organes qui n'étaient pas indispensables; à la réduction du nombre de succursales de certaines maisons; à la diminution du nombre de postes de surveillance ou administratifs, rendue possible par l'excellence de la situation politique du pays.

Dans beaucoup de cas aussi, les emplois furent cumulés : tel colon mobilisé, remplaçant un militaire de classe plus jeune rapatrié, dirigeait en même temps ses affaires, ou, lorsqu'il s'agissait d'un fonctionnaire, remplissait, simultanément, des fonctions administratives. Souvent, enfin, des emplois multiples furent assumés par la même personne.

Bref, grâce à l'esprit de dévouement, dont tous firent preuve, et qui ne se démentit jamais, grâce au labeur acharné de ceux qui restèrent, colons et fonctionnaires, *malgré cet effort militaire direct*, dont l'importance vient d'être indiquée plus haut, non seulement la vie économique du pays ne fut pas restreinte, mais elle devint au contraire plus intense, ainsi que le montre le *mouvement du commerce général*.

Alors que celui-ci se montait, au total, à 94 millions en 1914, il atteignait en 1915, 109 millions, puis en 1916, 187 millions, et enfin, en 1917, le chiffre relativement énorme de *223 millions*.

Quant à la vie « administrative », il suffit d'indiquer la prospérité exceptionnelle des finances de Madagascar pendant les hostilités : le budget de 1916 se clôtura par un excédent de recettes dépassant 6.200.000 francs.

Les grands travaux, d'ailleurs, ne furent pas négligés et, en pleine guerre, plus de 100 kilomètres de voie ferrée furent construits et mis en service.

Indigènes

Sur l'insistance de la colonie, un premier bataillon fut envoyé en France, composé uniquement de volontaires choisis parmi les tirailleurs du corps d'occupation, déjà en service, et qui ne perçurent, cette fois, aucune prime spéciale. L'impression qu'il fit en France, puis en Tunisie, où il fut tout d'abord envoyé, fut telle que, dans la suite, la métropole n'hésita plus à faire appel, sur une vaste échelle, aux engagés volontaires indigènes.

Le résultat fut d'autant plus surprenant que Madagascar, nous ne devons pas l'oublier, était possession française depuis *moins de vingt années* au moment où éclatèrent les hostilités.

Les procédés employés furent, en dehors de l'appât de la prime (variable suivant la catégorie de l'engagement) offerte par l'État : des « kabarys » (discours) patriotiques faits par les chefs indigènes, les administrateurs et le gouverneur général lui-même ; des cérémonies militaires (revues, défilés, etc.) ; des représentations patriotiques, etc. Dans la suite, ces moyens furent complétés par la remise en vigueur, dans certaines régions, d'une vieille coutume indigène, le « tsondrana », cadeau offert, en supplément de la prime, aux militaires indigènes partant pour le front, par ceux qui restaient, au moyen de cotisations volontaires; puis, par l'emploi de recruteurs indigènes, chargés de renseigner leurs compatriotes et qui recevaient, à cet effet, par homme recruté par leur entremise, une prime payée par la colonie.

Afin d'être certain de n'envoyer en France que des *volontaires,* quelques engagés qui regrettaient leur geste, résultat d'un enthousiasme irréfléchi, furent déliés de leur contrat et renvoyés chez eux moyennant remboursement de la prime perçue.

D'autre part, comme les règlements en vigueur ne prévoyaient aucune prime pour les militaires indigènes, déjà en service, qui demandaient à aller combattre en France, la colonie leur alloua (avec effet rétroactif) 20 francs par tête sur les fonds du budget local.

Les résultats furent les suivants : *45.863 engagés* dont 41.355 dans les corps combattants et 4.508 dans les non-combattants, proportion égale, eu égard à la population de ces deux colonies, à celle de l'Afrique Occidentale Française, dont on admire, à juste titre, le rôle si brillant dans la guerre actuelle.

Quant à la façon dont se comportèrent ces indigènes, nous allons l'indiquer dans un instant et en donner les raisons ; mais il en est une, sur laquelle je dois insister dès maintenant : c'est que le contingent malgache ne comprenait *uniquement, exclusivement,* que des *volontaires.*

Un fait à remarquer : sur le chiffre total des engagés, les quatre-cinquièmes appartenaient aux races des plateaux, ne comprenant, cependant, qu'une population de 1.500.000 habitants sur 3.500.000 que compte la colonie, c'est-à-dire que ceux qui répondirent à notre appel furent surtout les Malgaches ayant eu le plus de contact avec les Européens : ce qui est tout à l'éloge (mais nous y reviendrons tout à l'heure) de notre œuvre colonisatrice.

Voici, pour terminer avec cette question, une anecdote qui montre l'état d'esprit de ces indigènes au moment de la période intensive du recrutement. Je venais d'apprendre la mort en

France d'un Malgache dont la famille habitait près de Tananarive. J'envoyai le chef de la province, M. l'administrateur Caron, pour lui annoncer ce malheur avec les ménagements nécessaires. Il trouva réunis la mère, la femme et le frère du tirailleur, et leur fit part de la triste nouvelle. La femme du militaire indigène fondit en larmes; alors la mère lui dit : « Tu ne dois pas pleurer ton mari. Il est mort glorieusement », et, se tournant vers l'administrateur, elle ajouta : « J'ai un autre fils, ici présent, je vous le donne pour qu'il aille en France remplacer celui qui n'est plus. » Et le jeune homme s'engagea incontinent

NOS MILITAIRES MALGACHES

NOS MILITAIRES MALGACHES

En ce qui concerne l'utilisation de nos militaires malgaches, il faut distinguer deux périodes : Dans la première, qui s'étend jusqu'au second semestre 1917, les combattants furent distribués en un certain nombre de *bataillons d'étapes*, utilisés, soit en France, soit à l'armée d'Orient, en général pour des travaux, le ravitaillement en munitions de l'artillerie de tranchée, et, exceptionnellement, en secteur, pour la garde des tranchées.

Les non-combattants, selon leur engagement, furent employés dans le Service de l'Intendance, le Service de Santé, les compagnies indigènes du génie ou comme travailleurs d'usine.

Mais tous demandaient à se battre. A partir

de la fin de l'année 1917, il fut enfin, dans une large mesure, donné suite à leur désir.

Les hommes des bataillons d'étapes furent progressivement triés et classés, les uns comme combattants d'infanterie, les autres comme artilleurs, répartis, en remplacement d'Européens, dans les batteries où ils faisaient identiquement le même service que leurs camarades blancs.

D'autres, moins robustes, furent utilisés dans les sections de la défense contre avions (D. C. A.) en remplacement d'un nombre égal d'Européens.

Il ne resta bientôt plus, en France, qu'un seul bataillon d'étapes qui recueillit les déchets; tous les autres tirailleurs malgaches avaient été transformés en combattants effectifs.

Ceux de l'armée d'Orient continuèrent à être utilisés à deux fins.

Au moment de l'armistice, des Malgaches suivaient l'instruction spéciale d'automobilistes et de radiotélégraphistes et promettaient déjà de donner toute satisfaction.

Je dois signaler enfin que, dès l'hiver 1917-1918, les Malgaches restèrent toute l'année aux armées, au lieu d'être renvoyés dans le Midi pendant les froids, ce qui augmenta considérablement leur rendement. Ils supportèrent très bien, d'ailleurs, des températures rigoureuses et leur état de santé demeura excellent.

Mieux que des commentaires, quelques documents donneront une idée des résultats obtenus. Nous les classerons par catégorie.

Service des Étapes,
297e Régiment d'infanterie.

Les militaires dont les noms suivent ont été cités à l'ordre du régiment (N° 690 du 27 novembre 1917) pour leur belle conduite pendant les journées des 20, 21 et 22 octobre, en assurant le ravitaillement en torpilles des premières lignes, entre Bessy et Moiry.

Resoro, adjudant;
Moulins, sergent,
Leguia, sergent;
Rainizafiniala, sergent.
Rambola, sergent,
Rakotomanga, sergent,
Feno, caporal,
Sola, caporal,

Razanakalona, caporal,
Ramanantsvarina, soldat (tué),
Ralaindosa, soldat (blessé),
Ralay, soldat (blessé),
Randriamarifandrika, soldat (blessé),
Befandiso, soldat (blessé).

Extrait de l'ordre général n° 22 (13 août 1917).

Par leur belle attitude, leur discipline, leur bonne volonté au travail, les tirailleurs malgaches n'ont mérité que des éloges, et les unités mises en secteur ont tenu très honorablement le front qui leur a été confié.

Extrait de l'ordre n° 46 (4 juillet 1917).

La 2e compagnie de tirailleurs malgaches vient de participer, pendant quinze jours, à l'exécution de travaux pénibles, souvent dangereux puisqu'ils ont valu à plusieurs tirailleurs le douloureux honneur de verser leur sang pour leur patrie d'adoption.

Le colonel commandant l'I. D. ne veut pas laisser partir cette compagnie sans adresser au chef de bataillon le témoignage de son entière satisfaction pour l'endurance, la discipline et le courage dont les tirailleurs malgaches ont fait preuve dans les diverses missions qui leur ont été confiées pendant leur séjour dans le secteur.

Extrait de l'ordre n° 113 (21 octobre 1917).

... La 5e compagnie de votre bataillon a effectué, pour mon unité, un ravitaillement en bombes de 58 sous un feu violent.

Extrait de l'ordre n° 72 (15 août 1917).

Vos unités se sont fait remarquer par leur bonne volonté, leur assiduité au travail et leur bon esprit.

Brancardiers.

Ordre n° 51 du 6 août 1916.

Itata, numéro matricule 11.331. Ayant été blessé, a fait preuve de courage et de dévouement en refusant de quitter un officier qu'il accompagnait en mission sur le terrain.

Ordre n° 18 du 13 mai 1917.

Rabekoto, numéro matricule 15.995. Belle attitude au feu. Blessé en relevant des blessés, a refusé de se laisser évacuer et a continué son service.

Ordre du corps d'armée n° 77 (28 novembre 1918).

Un groupe de cent brancardiers malgaches.

A rempli toutes ses missions avec courage et sang-froid sous des bombardements parfois violents qui leur ont fait éprouver des pertes notables en tués, blessés et intoxiqués.

Il serait fastidieux de multiplier ces exemples donnés seulement à titre d'indication.

Infanterie.

Je ne possède qu'une faible partie des citations obtenues par nos fantassins malgaches : elles constituent, néanmoins, un énorme dossier. Je ne vous en infligerai pas la lecture. Je choisirai, là encore, quelques exemples seulement. Les belles citations de ces indigènes sont tellement nombreuses que le choix est d'ailleurs difficile.

Ordre n° 18 (14 mai 1917).

Rainimavo (3.911), *Ravoanonga* (16.222), *Tsirambesy* (13.233), *Ralaimba* (20.893). Tirailleurs de 1re classe : ont fait preuve de courage en allant couper, comme volontaires, le réseau de fils de fer en avant de nos lignes, malgré un violent bombardement, la nuit précédant l'attaque du 5 mai 1917.

Ordre n° 108 (20 octobre 1917).

Razamfimpahitra (16.913). Tirailleur de 1re classe. Blessé par grenade au cours d'une attaque ennemie dans la nuit du 20 au 21 septembre 1917, est resté à son poste, continuant le feu, et ne s'est fait panser que lorsque l'ennemi a été repoussé.

Massika (1.743). Blessé pendant un coup de main exécuté par l'ennemi dans la nuit du 20 au 21 septembre 1917, est resté à son poste jusqu'à la fin de l'affaire. Ne s'est fait panser ensuite que sur l'intervention d'un gradé.

Ordre n° 116 (30 octobre 1917).

Resaro, adjudant indigène (2.739). Faisant partie d'un détachement chargé, au cours de l'offensive d'octobre 1917, du transport des torpilles en première ligne, s'est distingué par son courage et son énergie sous de violents bombardements et des émissions de gaz. Renversé par un obus, éclaté au milieu de son détachement, et un de ses hommes ayant été tué, a, bien que contusionné, conservé son sang-froid et remis sa corvée au travail.

Befandiso, tirailleur de 2e classe (15.289). Faisant partie d'un détachement chargé, au cours de l'offensive d'octobre 1917, de transporter des torpilles en première ligne, a refusé, bien que sérieusement blessé à la main dès le début, de se faire évacuer et a tenu à terminer son travail.

Randria (17.433) *Ratovo* (17.548). Faisant partie d'un détachement chargé, au cours de l'offensive d'octobre 1917, d'approvisionner en première ligne des canons de tranchée, se sont volontairement offerts pour le transport des torpilles se trouvant dans un endroit fortement bombardé par l'ennemi.

Ordre n° 166 (10 juin 1918).

Ifeno (3.306). Caporal. Évacué blessé. Excellent gradé indigène qui a courageusement dégagé son chef de section entouré par l'ennemi, avec son groupe de tirailleurs qu'il a dirigé de sa propre initiative.

Itsirivelo (1.772). Tirailleur de 2e classe. Bon tireur. Ayant conservé son poste bien que blessé, n'a cessé de tirer qu'au moment où il a été recueilli par les brancardiers pour être évacué.

Razafindrao (15.631). Tirailleur de 2e classe. Sous un violent bombardement, a été volontaire pour transporter un blessé sur son dos et a rejoint son poste sa mission accomplie.

Lahaimana (13.879). Caporal. Très belle attitude au feu, modèle de courage et de sang-froid. A fait face à un ennemi très audacieux, alors que toute son escouade tombait autour de lui.

Danielina (2.931). Sergent indigène. Au cours des combats des 29 et 30 mai 1918, s'est conduit courageusement. Chargé d'une mission périlleuse et bien que blessé, ne s'est laissé évacuer qu'après avoir atteint son objectif.

Randrianaravolo (5.765). Caporal. Très bon gradé, courageux en toutes circonstances. Blessé au cours du combat du 3 juin 1918, a refusé de se laisser évacuer.

Gustave (18.399). Tirailleur de 2e classe. S'est vaillamment porté en avant, malgré un violent bombardement, pour aller chercher et ramener un européen blessé tombé entre les lignes.

Rajœlina, sergent (9.372). Le 31 mai, a remplacé son chef de section blessé. S'est particulièrement fait remarquer par son sang-froid, sa bravoure, donnant le meilleur exemple à ses hommes de la discipline sous le feu.

Ordre 184 (29 juin 1918).

Rakotomalala, tirailleur de 1re classe (861). Tirailleur courageux. S'est distingué au cours des combats des 29 au 31 mai 1918, en assurant la liaison sous des feux violents; a poursuivi, jusqu'à complète exécution, malgré une blessure douloureuse, l'accomplissement de sa mission dans des circonstances difficiles.

Ordre n° 195 (27 juillet 1918).

Rajaofera, tirailleur de 1re classe (19.379). Agent de liaison remarquable, a fait preuve de la plus grande assurance sous le plus violent bombardement. Toujours prêt à remplir les missions dangereuses. Blessé en remplissant son rôle en première ligne; a demandé à ne pas être évacué.

Refioka, tirailleur de 2e classe (16.263). Très bon tirailleur; s'est distingué le 18 juillet 1918 à l'attaque de Dommiers, par son courage remarquable, sa bravoure sous le feu; a contribué à la capture de nombreux prisonniers.

Rakatozafy (17.944), *Itsoto* (16.383), *Tangasoa* (15.227).

Ranaivoson (20.216), *Relony* (4.145), *Ranaivo* (17.465) ont fait preuve de courage et de sang-froid en se jetant sur une batterie de 105, en délogeant les servants.

Ravelo (13.183), *Ralaitsimba* (19.568). Tirailleurs énergiques et pleins d'entrain. Ont fait preuve de courage et de sang-froid en se jetant sur une mitrailleuse, faisant prisonniers les servants.

Rahozy, sergent (11.906). Gradé ayant fait preuve du plus grand courage. Son chef européen ayant été tué, a pris le commandement de sa fraction, l'a conduite à l'assaut du village de Dommiers. A été tué après deux jours de combat.

Ordre de la division n° 184 *bis* (26 juin 1918).

Randriatsara, tirailleur de 1re classe (3.753). Le 3 juin 1918, s'est porté à 200 mètres des lignes sous un violent feu de mitrailleuses et a ramené le corps de son sergent tombé entre les lignes.

Ordre de la division n° 155 (6 août 1918).

Benoit, tirailleur de 1re classe (6.421). S'est tout particulièrement distingué. A attaqué à la grenade une mitrailleuse ennemie dont il s'est emparé après avoir tué les servants.

Randrianœla, adjudant (11.456). A fait preuve de la plus grande énergie et d'un complet mépris du danger dans l'attaque d'un bois, en capturant plus de 150 prisonniers, 3 mitrailleuses et 2 mitraillettes. 1 citation.

Takidimity, sergent (92). A enlevé à la baïonnette un nid de mitrailleuses qui arrêtait la progression de la compagnie. Blessé, ne s'est laissé évacuer qu'après épuisement complet de ses forces.

Ordre de la brigade n° 135 (29 juillet 1918).

Botosoa, caporal (11.253). Toujours volontaire pour les missions périlleuses, a entraîné son escouade de F. M. au-devant de l'ennemi avec beaucoup d'à-propos, la maintenant en position jusqu'à ce que l'adversaire ait été anéanti.

Ordre du 20e corps d'armée n° 359 (10 août 1918).

Idamy, chasseur de 2e classe. Envoyé en patrouille pour reconnaître l'emplacement d'une mitrailleuse ennemie arrêtant par son tir la progression de sa section, s'est courageusement et brillamment acquitté de sa mission en faisant prisonniers 5 mitrailleurs allemands et en s'emparant de leur mitrailleuse.

Imosa Mahatendry, chasseur de 1re classe (4.250). S'est tout particulièrement distingué. A attaqué à la grenade une mitrailleuse ennemie dont il s'est emparé après avoir tué les servants.

Ordre du 30e corps d'armée n° 247 (23 septembre 1918).

Ralava, sergent (10.351). Sous-officier brave et énergique. Faisant partie de la première vague, s'est porté, le 2 septembre 1918, très crânement à l'assaut d'un village fortement défendu, contribuant à la prise de 200 prisonniers ainsi que d'un important matériel de guerre (2 blessures).

Ordre de la brigade n° 140 (23 octobre 1918).

Ioza, chasseur de 2e classe (6.567). Chasseur d'un dévouement à toute épreuve et d'un courage éprouvé. A l'attaque du 2 septembre 1918, s'est offert volontairement pour faire une patrouille dans un bois fortement organisé. A fait preuve, dans cette circonstance, d'un grand sang-froid et de beaucoup d'initiative. A contribué à la capture de 60 prisonniers et de plusieurs mitrailleuses.

Ifanosa, chasseur de 1re classe (2.113). Chasseur très brave et d'une énergie exemplaire. A l'attaque du 2 septembre 1918, s'est résolument porté en avant sous un violent bombardement et des feux de mitrailleuses, et a activement contribué à la prise d'un village fortement occupé ainsi qu'à la capture de nombreux prisonniers.

Rabé (17.098). Fusilier mitrailleur de premier ordre, d'une bravoure calme et réfléchie. Pendant l'attaque du 2 septembre 1918, a très activement contribué à la progression des vagues d'assaut. Blessé à son poste de combat, est allé se faire panser et a rejoint ensuite la ligne de feu, donnant à tous un bel exemple d'énergie et de dévouement.

Ordre de l'armée n° 10.527 (12 octobre 1918).

Randriandroma, chasseur de 2e classe (6.439). Excellent chasseur, d'un dévouement à toute épreuve, d'un courage et d'un sang-froid remarquables. S'est particulièrement distingué le 2 septembre 1918 en mettant sa pièce en batterie sous un violent bombardement et un tir intense de mitrailleuses, donnant l'exemple du plus grand mépris du danger. A été grièvement blessé au cours de cette action (médaille militaire).

Ordre de l'armée n° 344 (12 octobre 1918).

Tsiteva, caporal (15.474). Très belle attitude au feu. Blessé dans la journée du 14 septembre, a refusé de quitter le champ de bataille. Au cours de la progression, malgré un très violent bombardement, s'est porté auprès de son lieutenant grièvement blessé pour lui prodiguer les premiers soins.

Ordre de l'armée n° 346 (10 novembre 1918).

Taveloma, caporal (4.325). Gradé indigène, modèle de courage et d'énergie, exemple constant pour ses hommes, auxiliaire précieux pour ses chefs. Toujours volontaire pour les missions les plus périlleuses qu'il remplit avec intelligence et rapidité. Au cours de l'attaque du 25 septembre 1918 et les jours suivants, en l'absence de gradé européen, a rempli les fonctions de chef de pièce, faisant preuve du plus grand sang-froid et de ténacité sous les bombardements les plus violents.

Ordre de la division n° 179 (3 octobre 1918).

Razafindrahé, tirailleur de 1re classe (16.022). Brave et énergique. Au cours de l'attaque du 2 septembre 1918, a brillamment enlevé ses hommes avec un élan superbe à l'assaut d'une position ennemie très puissamment défendue. A ainsi contribué très activement à la capture de 200 prisonniers et d'un important matériel de guerre.

Botolahy, sergent (3.665). Excellent gradé; très brave et très énergique. A l'attaque du 2 septembre 1918, s'est impétueusement élancé avec ses hommes sur une mitrailleuse qui gênait la progression de son unité, l'a rapidement réduite au silence et a fait tous ses servants prisonniers.

Raloba, caporal (20.727). Gradé énergique et d'un sang-froid remarquable. A l'attaque du 2 septembre 1918, étant chef de patrouille, aux abords d'un village fortement occupé par l'adversaire, s'est trouvé devant une tranchée ennemie. N'a pas hésité à s'en emparer, y faisant une dizaine de prisonniers et capturant trois mitrailleuses.

Ordre n° 226 (5 octobre 1918).

Boudoube, sergent (5.376). Sous-officier d'une grande bravoure et d'une belle énergie. Son chef de section ayant été tué au début de l'attaque du 2 septembre 1918, a pris le commandement de cette unité, a atteint son objectif où il s'est maintenu malgré un bombardement intense. Bien qu'isolé momentanément, a réussi à remplir complètement la mission qui lui avait été confiée (2 blessures, 1 citation).

Ralay, brancardier courageux et d'un dévouement absolu. S'est fait remarquer pendant les derniers combats en allant constamment dans les premières lignes, relever et évacuer les blessés sous les bombardements et les feux de mitrailleuses, faisant preuve de sang-froid et de mépris du danger.

*
* *

Je n'en finirais pas de lire des citations individuelles. Mais voici celles qui ont été obtenues par le 12e bataillon malgache, qui, grâce à ses qualités combatives, eut l'insigne honneur, après ses premières prouesses, d'être affecté à cette division d'élite qu'est la division marocaine.

Ordre général nº 612 (25 juillet 1918).

Est cité à l'ordre de la 6e armée : le 12e bataillon malgache. Unité tactique de premier ordre, sous les ordres du commandant Greine, tombé glorieusement le 31 mai, puis du capitaine adjudant-major Rossigneux, n'a cessé de combattre en première ligne pendant les opérations du 27 mai au 4 juin 1918, disputant le terrain avec une indomptable ténacité et sans souci des pertes subies, à un adversaire très supérieur en nombre. A largement contribué par son esprit de sacrifice et ses brillantes qualités guerrières, à rétablir une situation difficile et à reconstituer le front contre lequel les efforts de l'assaillant sont finalement venus échouer.

Signé : DEGOUTTE.

2e *citation*, à l'ordre de la 10e armée (13 octobre 1918).

Le 18 juillet, sous l'énergique impulsion de son chef, le commandant Hippeau, s'est élancé à l'assaut d'un village fortement organisé et tenu par l'ennemi, et l'a enlevé dans un élan superbe.

Entreprenant aussitôt une nouvelle action dans une direction différente, a occupé et nettoyé rapidement un bois rempli de mitrailleuses.

A ainsi réalisé une avance de 3 kilomètres sur un

front de 1.800 mètres, faisant 400 prisonniers, capturant 10 canons et de nombreuses mitrailleuses.

Signé : MANGIN.

Le bataillon a reçu, à ce moment, la fourragère aux couleurs de la croix de guerre.

3e citation, à l'ordre de la 10e armée (27 octobre 1918).

Bataillon magnifique qui, sous l'énergique commandement du chef de bataillon Hippeau, s'est signalé, au cours des opérations du 28 août au 15 septembre 1918, par son mordant, sa vigueur, sa ténacité et le bel esprit de sacrifice qui l'anime.

Le 2 septembre, malgré les feux nourris de mitrailleuses qui le prennent de flanc et de front, il emporte de haute lutte les organisations du village Terny-Sorny, y fait près de 200 prisonniers, et capture un énorme matériel.

Signé : MANGIN.

Le 12e bataillon est devenu depuis le 1er régiment de chasseurs malgaches; il fait toujours partie de la division marocaine et comprend trois bataillons qui tous portent fièrement la fourragère aux couleurs de la croix de guerre.

Pour bien mettre en valeur l'état d'esprit de ces braves gens, je crois devoir citer quelques extraits d'une lettre que m'adressait un de leurs gradés européens, fonctionnaire de Madagascar, mobilisé et affecté, sur sa demande, au 12e bataillon.

Votre dernière visite au bataillon, mon Colonel, a dû vous édifier sur le cran de nos Malgaches. Pour ma part, et, en toute sincérité, ils ont été pour moi une révélation, car je ne veux pas vous cacher qu'avant l'attaque je n'avais pas encore en eux toute la confiance qu'ils ont si largement méritée.

. . . .

A ce moment-là, un des caporaux indigènes de ma section, Lemanavakra, blessé à la cuisse, et auquel je fis en hâte un pansement sommaire refuse, catégoriquement, malgré mon conseil, de quitter la section pour aller au poste de secours. J'eus en lui un auxiliaire des plus précieux, ainsi qu'en un sergent nommé Randevo, déjà ancien de service, et dont j'ai particulièrement apprécié l'esprit d'à-propos.

D'un calme parfait, il n'a cessé, avec un complet mépris des mitrailleuses boches, de régler le tir de ses hommes qu'il savait inspecter, me rendant compte des moindres incidents pouvant entraver la marche de la section.

Comme acte plus caractéristique de bravoure, je pui
encore vous signaler, mon Colonel, celui d'un tirailleu
volontaire pour venir avec moi reconnaître l'emplacemen
des mitrailleuses boches et partant résolument san
aucun souci de la pluie de balles qui nous accueillaient
C'est un peu grâce à lui que je pus ainsi réussir l
joli coup de les réduire au silence et de faire prisonnière
leurs équipes, avant même qu'elles aient pu se rendr
compte qu'elles n'avaient à faire qu'à deux poilus.

Et voici, toujours d'après la même lettre, qu
éclaire d'un jour spécial leur mentalité :

Un des traits les plus frappants du Malgache a
combat, c'est, à mon avis, son souci constant de la dis
cipline et son grand respect des blessés ennemis, respec
poussé jusqu'à l'humanité la plus raisonnée. J'ai vu su
le champ de bataille, après l'action, des Malgaches don
nant leur café à boire à des blessés boches ou les cou
vrant d'une couverture abandonnée.
Tout autant d'actes particuliers, tous en leur honneu
et si dignes d'éloges que je serais demeuré quelque pe
sceptique si je n'en avais été personnellement le témoin

Lemanavakra et Randevo, cités dans cett
lettre, tombèrent plus tard, glorieusement frappés
au champ d'honneur.

Artillerie.

Au moment de l'armistice, le nombre des artilleurs malgaches atteignait de 15 à 18.000. Leur répartition dans les batteries, où ils faisaient le même service que des Européens, a donné, ainsi que je l'ai dit, les meilleurs résultats. Les citations obtenues par eux sont extrêmement nombreuses. Pour ne pas prolonger indéfiniment cette conférence, je citerai seulement quelques exemples :

Voici le cas d'une batterie bombardée pendant plus de vingt-quatre heures à obus toxiques :

Rafaralahy. ergent (25.284). La batterie étant violemment bombardée à obus toxiques, par son autorité, a maintenu dans le contingent un ordre parfait et conduit lui-même au poste de secours les Malgaches intoxiqués. Est resté un des derniers sur la position.

Dans la citation ci-après, il s'agit d'une pièce qui continue à tirer avec un seul servant, un malgache, après que tous les autres, européens et indigènes, eurent été mis hors de combat.

Le général Crépy, commandant l'artillerie de la 5e armée, cite à l'ordre de l'artillerie de l'armée la première pièce de la 21e batterie du 109e R. A. L. — Sous les ordres du maréchal des logis Bonchain, n'a cessé de donner, du 15 mai au 21 juillet 1918, le plus bel exemple de courage, d'endurance et de belle tenue au feu.

Le 21 juillet 1918, sous un gros bombardement, ayant perdu huit servants, cette pièce, servie par le maréchal des logis et *un servant malgache*, a continué à tirer, assumant ainsi jusqu'au bout la mission qui lui était confiée.

Mais, mieux encore que des citations, quelques documents que je vais vous lire donneront une idée des services rendus par les Malgaches dans l'artillerie.

Voici un extrait d'un rapport du commandant du 3e groupe du 106e R. A. L. :

Les débuts du groupe au front ont été durs, très durs même. Nous étions au repos quand la grande attaque des Allemands a commencé; nous avons été envoyés rapidement dans la région la plus menacée, pour boucher le trou. Malgré les nombreuses difficultés, malgré le danger, *tous les Malgaches* se sont admirablement comportés.

Tous les commandants de batteries ne tarissent pas d'éloges et sont émerveillés de la façon héroïque dont ils se sont comportés.

Nous avons eu des pertes sensibles et les Malgaches ont eu leur large part. Cela ne les a pas émus, et ceux qui sont restés continuent à faire tout leur devoir. Ils nous sont bien utiles et n'ont rien à envier comme courage à nos artilleurs français.

Les Malgaches ont eu 4 blessés, dont 1 grièvement (artère fémorale coupée); nous n'avons eu aucune nouvelle depuis leur évacuation. Les évacués pour maladie sont au nombre de 5; la proportion est à peu près la même pour les blancs. Cela n'a rien d'exagéré, car la fatigue que nous avons eue à supporter fut très grande. Nous tirions toute la journée, et la nuit, nous reculions pour aller occuper de nouvelles positions. Nous avons fait des marches longues et pénibles, nous n'avons pas eu un seul Malgache disparu. En un mois, nous avons eu à supporter les fatigues de la guerre de mouvement, les inconvénients de la retraite et les marmitages de la guerre de position : l'épreuve a été complète.

Nous sommes sûrs de nos Malgaches. Il y a eu des récompenses, 7 citations : 1 au corps d'armée et 6 au régiment.

Je vous donne le motif de la citation au corps d'armée qui n'est pas banale et montre bien l'état d'esprit de ces braves soldats : « *Rainimanpiandra*, blessé au service de sa pièce, alors qu'il continuait crânement le feu sous le tir ennemi. Amené au poste de secours, au commandement : « A vos postes », s'est précipité à sa pièce pour continuer à remplir ses fonctions. »

J'ai fait nommer un brigadier, maréchal des logis. Je propose le maréchal des logis Rorotomanga pour adjudant. Je propose le maréchal des logis Kasoja pour la médaille militaire. Tous deux ont bien mérité les récompenses que je demande pour eux.

Voici, d'autre part, un extrait du rapport du 5e groupe du 119e R. A. L. :

Il n'y a qu'à se louer d'eux. Ils font l'admiration de tous à la batterie, même sous les bombardements les plus violents. Trois des tirailleurs ont été classés conducteurs; voir la joie qu'ils éprouvent à conduire un attelage, c'est tout dire. Inutile même de les stimuler pour les soins à leurs chevaux. Il a suffi, je crois, de les prévenir qu'ils seraient remis à pied si les chevaux étaient mal soignés.

En définitive, à la 13e batterie, chaque tirailleur malgache fait son devoir tout comme un Français, et il est permis de dire que l'on peut compter sur leur dévouement.

Deux d'entre eux viennent d'être l'objet d'une citation à l'ordre du régiment. L'émulation donnée par la croix de guerre est enthousiaste.

*
* *

Avant d'en finir avec ces documents, je crois

devoir vous donner connaissance de cette belle proclamation du général Gérard, commandant l'armée dont fit partie la division marocaine, à l'occasion de la remise de son drapeau au *1er Régiment de chasseurs malgaches* qui, comme je l'ai dit, a eu l'honneur de combattre avec les merveilleuses troupes de la division marocaine, sous le commandement d'un chef éclairé et bienveillant : le général Daugan, qui sut obtenir d'eux, avec le concours du commandant Hippeau, le chef héroïque qui les commanda après la mort glorieuse du commandant Groine, tué à leur tête, les merveilleux résultats que l'on sait[1]. La cérémonie avait lieu à Ludvigshafen.

Je vous remets aujourd'hui, au bord du Rhin, le drapeau du 1er Régiment de chasseurs malgaches ; la France le confie à votre garde.

C'est un grand honneur qui vous est fait ; vous l'avez mérité en marchant sur les traces et en vous montrant dignes de vos anciens de la division marocaine : zouaves, tirailleurs algériens, légionnaires aux fourragères rouges.

1. Le bataillon, devenu régiment, fut commandé ensuite par le lieutenant-colonel Sautel, puis par le lieutenant-colonel Le Duc, tous deux de l'infanterie coloniale.

Vous êtes venus tard dans la guerre et déjà votre jeune gloire resplendit d'un éclat que peut vous envier maint vétéran de toutes nos campagnes. De même que le faucon, en quelques battements d'ailes, s'élève jusqu'aux cieux, ainsi, en quelques mois seulement, vous avez gravi les échelons de la renommée. Qu'eût-ce été si plus tôt vous étiez entrés dans la bataille? Les plis de votre drapeau ne seraient pas assez larges pour contenir la liste de vos victoires.

Au mois de mai 1918, lorsque dans des heures tragiques la France subissait les formidables assauts d'un adversaire acharné à sa perte, vous avez été brusquement jetés à l'encontre de l'envahisseur et, pendant cinq jours, vous avez opposé à ses vagues, le rempart de votre stoïque courage et de votre indomptable valeur.

Et lorsqu'après avoir arrêté le flot de l'ennemi menaçant, il s'est agi de le refouler, vous lui avez porté, le 18 juillet, près de Soissons, les premiers et les plus rudes coups.

Puis, vous acharnant à la Victoire, vous l'avez forcée les 2 et 14 septembre.

Tels sont vos titres de noblesse : ils s'appellent *Bois du Châtelet, Dommiers, Terny-Sorny, Allemant.*

Vous les pouvez faire inscrire sur la soie de votre drapeau, ils vous rappelleront vos exploits immortels; ils les diront à ceux qui seront, après vous, chargés de la garde de cet emblème sacré d'une Patrie que, dans votre île lointaine, vous aviez de tout temps appris à aimer, à qui, depuis longtemps, vous aviez donné votre cœur, à qui vous venez de donner généreusement votre sang, vous acquérant ainsi des titres nouveaux à sa reconnaissance et à son attachement.

*
* *

Mais je tiens, avant de terminer, à citer en respectant leur forme naïve, quelques extraits de lettres de Malgaches, montrant la mentalité de ces braves gens.

Dès qu'il eut été décidé de faire réellement des combattants de ceux qui, physiquement, en étaient capables, tous voulaient être parmi les élus et demandaient avec insistance à être affectés à une unité de choc ou à l'artillerie ; je reçus des demandes innombrables, non seulement des Malgaches qui s'étaient engagés comme tirailleurs, mais aussi de ceux qui faisaient partie de formations non combattantes (intendance, service de santé, ouvriers d'usine) et qui demandaient, à cor et à cri, à faire modifier la forme de leur engagement, ce qui fut souvent difficile, les chefs qui les employaient étant très satisfaits d'eux et ne voulant pas s'en séparer.

Voici quelques exemples :

A Monsieur le Colonel Garbit.

Nous soussignés Rajoarisoa Marc, caporal à la 1re compagnie malgache du 120e bataillon mixte, Rabibisoa Michel, caporal au même bataillon, avons l'honneur de vous exposer ce qui suit, en vue d'être dirigés sur le 1r bataillon de chasseurs malgaches aux armées.

Engagés volontaires pour la durée de la guerre au titre de la section des C. O. A.[1] coloniaux comme secrétaires, nous fûmes versés, sur notre demande, dans un bataillon de combattants (D. M. 1281 1/8 du 23 juillet 1917) et sommes partis pour le front, en avril 1917, avec le 12e bataillon malgache.

Évacués après douze mois de front, le premier, pour blessure de guerre reçue au cours de la bataille du 30 mai dernier, nous fûmes dirigés, à la fin de notre hospitalisation, sur la place de Fréjus. . . . .

Le 1er bataillon de chasseurs malgaches étant bataillon de combattants, nous souhaitons vivement rejoindre *au plus tôt* ce bataillon auquel nous sommes profondé-

1. Section des commis et ouvriers d'administration de l'Intendance.

ment attachés. Notre désir le plus cher est d'y accomplir tout entier notre devoir envers la « Mère Patrie », comme nous le désirions au moment où nous avons demandé à quitter la section des C. O. A. pour faire partie d'un bataillon de combattants.

Nous vous serons éternellement reconnaissants de ce que vous voudrez faire pour nous et vous promettons que nous nous efforcerons d'être dignes de votre protection par notre conduite de bons soldats.

Vos très humbles et obéissants serviteurs,

Marc RAJOARISOA, M. RABIBISOA.

En voici un autre :

Mon Colonel,

J'ai l'honneur de vous adresser la présente tendant à vous demander les quelques conseils suivants :

Avant tout, permettez-moi de vous écrire comme un enfant à son père, car en réalité il en est ainsi..... Engagé volontaire, pour la durée de la guerre, le 21 mars 1917, comme tirailleur combattant....., je voudrais demander à être affecté au 81e R. A. L. (65e Batterie, Groupe spécial malgache, S. P. n° 226), si cela ne nuit pas à la bonne marche du service, car je me suis engagé, non pas pour mon intérêt, mais pour celui de la mère patrie, la France.

En voici un autre (janvier 1918) qui montre la joie éprouvée par les Malgaches d'avoir pu participer effectivement au combat :

Mon Colonel,

J'ai l'honneur de vous adresser ma présente pour vous témoigner toute ma reconnaissance. Je me fais un devoir d'être l'interprète de tous les Malgaches auprès de vous. J'ai appris, par mes amis, votre nomination au grade de colonel et nous en sommes fiers. N'êtes-vous pas notre père?... Madagascar, hier encore, était dans l'ombre et l'esclavage et ne savait pas apprécier les bienfaits de la France. Aujourd'hui, elle ne se contente pas d'envoyer ses enfants pour combattre l'ennemi commun, mais encore elle emploie toutes ses ressources à la défense du pays et tout cela, c'est grâce à vous, mon Colonel.....

Je vous quitte en vous priant de vouloir bien agréer les sentiments affectueux de vos enfants malgaches du 105e régiment d'artillerie lourde.

Et cet autre :

En vous exprimant encore nos sentiments de profonde reconnaissance et nos meilleurs vœux, je vous serais obligé, profitant l'occasion de vous rendre compte que les Malgaches se sont bien félicités de pouvoir prendre part aux affaires de première ligne, dont mon bataillon, le

12e malgache, a été l'un des premiers, ou même le premier, et y est encore.

Et encore un autre de janvier 1918 :

Mon Colonel,

Votre connaissance des Malgaches et surtout votre affection pour eux me donnent l'espoir et le courage d'intervenir auprès de vous, afin d'implorer votre bienveillant appui pour la réalisation de mon désir. Je suis un C. O. A., mon Colonel, et le départ de mes camarades m'excite aussi de servir sous votre commandement pour acquitter la dette sacrée que je dois envers la France notre mère patrie.

Et cet autre, qui date du moment où furent créés les artilleurs malgaches :

Mon Colonel,

J'ai l'honneur de vous adresser la présente lettre. Je suis très heureux à la pensée que notre ancien gouverneur général est actuellement en France et qu'il s'intéresse beaucoup à ses petits poilus malgaches

Je viens, au nom de mes compatriotes, vous remercier de votre haute bienveillance.

J'ai ouï-dire, mon Colonel, que vous avez l'intention de

former des artilleurs malgaches. Ne pourriez-vous pas me renseigner sur ce que je devrais faire pour être a nombre de ces soldats d'élite dont vous êtes l'initiateur

En voici un autre, curieux par sa naïve sincérité :

Monsieur le Gouverneur général,

J'ai entendu parler de votre arrivée en France... Vou et les anciens gouverneurs généraux de l'île lointaine là-bas au delà de la mer, sous d'autres cieux, vous pouve être fiers de vos enfants. La France le sait déjà et elle l saura davantage plus la guerre durera, car vous les ave bien élevés... Et si le sort de la guerre nous frappe un jour, n'est-ce pas honneur pour nous, de mourir pour la France...

Monsieur le Gouverneur général, vos enfants savent reconnaître leur bienfaitrice. Vous pouvez compter sur eux, leur cœur est plein de reconnaissance envers la France et leurs poumons ne respirent que l'air tiède de la douce espérance et de la joie pour la victoire prochaine sans défaillance, avec les excellents chefs qu'ils ont, ils marchent et, volontaires dès le début, marcheron toujours.

Voici un extrait d'une lettre d'un Malgache en

service à Saint-Raphaël et qui demande à servir au front :

... Devant cette situation, et au moment où la France a besoin plus que jamais du concours de tous ses enfants, je sollicite mon envoi aux armées.

Voici un extrait d'une lettre du sergent Abdouramany, fils du roi des Antankaras, que son père avait fait engager pour donner l'exemple à ses compatriotes :

Fidèle à la tradition de mon grand-père qui, sans aucun combat, en 1841, a cédé à Sa Majesté Louis-Philippe, roi des Français, les îles de Nossi-Bé, Nossi-Mitsio, Nossi-Comba, et toutes les îles environnant Madagascar qui lui appartenaient, je remplirai jusqu'au bout mon devoir, au nom de mon père, *Tsialana* qui, empêché par l'âge mûr, n'a pu, avec tout son vif regret, venir lui-même prendre les armes pour la défense de la France, sa mère patrie, qui lui est toujours chère.

Abdouramany,
Sergent à la 82e Cie.

Voici un extrait d'une lettre de Malgache rapatrié pour raisons de santé :

... Je pars demain, mon Colonel, je pars malgré moi, je pars très involontairement et avec beaucoup de regret de ne pouvoir encore une fois réaliser mon désir de participer à la défense nationale par les armes. Je suis malheureux, j'ai honte et suis infortuné, mon Colonel, de ne pas pouvoir réaliser ce désir.

... Et je ne vous dis pas adieu, mais au revoir, mon Colonel, et, en arrivant à Madagascar, je ne manquerai jamais de dire à mes compatriotes les soins et traitements que la France donne et fait à tous ses indigènes.

Voici une lettre d'un ouvrier cordonnier qui veut absolument quitter son tranchet pour venir combattre :

... Ayant fait deux demandes, mais sans suite, pour être versé dans l'artillerie lourde sous votre commandement, étant actuellement isolé, car nous n'avons que vous pour père et mère, je m'empresse de recourir auprès de vous pour obtenir une suite favorable à cette lettre.

RAZAFITSIAROVANTA.

Une autre ayant le même objet :

Les tirailleurs malgaches de la C. O. A. à Toulon, ne s'attendaient pas à un séjour si long à l'intérieur... Ils sont animés du désir de rendre plus de services qu'ils n'en ont rendu à leur mère patrie. L'heure est venue, alors que le recrutement dans l'artillerie lourde s'intensifie, pour lui témoigner encore une fois leur gratitude.

RAJAONARIVELO.

Et celle-ci (également d'un C. O. A.) :

Mon Colonel,

J'ai l'honneur de vous adresser la présente demande en vous priant de bien vouloir me faire rejoindre auprès de mes camarades, afin que je puisse obtenir une place très digne pour pouvoir, autant que je pourrai, combattre pour ma chère mère patrie.

RAZAFIMAHATRATRA.

De l'adjudant indigène Rabengita, me parlant au nom de ses camarades :

Nous avons fait notre devoir de notre mieux, donné toute notre énergie pour accomplir notre mission, acquitté intégralement notre dette de reconnaissance envers la France, notre mère patrie; mais nous sommes encore prêts à tous les efforts pour lesquels vous ferez appel à nous.

De l'adjudant Michel Rabakomanga :

... Par conséquent, notre père chéri, nous vous assurons que nous continuerons toujours à remplir notre devoir sous le ciel bleu de la France notre patrie.

Et cette autre :

Je vous promets, au nom de mes chers compatriotes, que nous resterons fidèles à la France jusqu'à la mort.

Boniface Rakatomalala,
Brigadier.

Voici un exemple des billets que me passaient les artilleurs malgaches quand ils n'avaient pas été « inspectés » depuis un certain temps ; et qui indique qu'ils ne m'en voulaient pas d'en avoir fait des combattants :

Nous avons l'honneur de vous adresser cette lettre pour vous dire que vos enfants qui sont à la 1re batterie du 28e régiment d'A. L. G. P. vous saluent, et qu'ils seraient heureux d'avoir votre visite puisque vous êtes le père et la mère de tous les Malgaches.

D'un sergent malgache :

... Aux premiers jours, nous avons reçu plusieurs centaines d'obus par jour, mais, depuis deux jours, notre secteur est devenu calme et ce sont nos 155 qui crachent sans discontinuer. Hier, des commandants de batterie m'ont appelé pour leur expliquer l'état moral de mes compatriotes. Je suis parti du P. C. de groupe à 7 heures du matin et rentré ici à midi au milieu des marmites.

Les Malgaches que j'ai examinés individuellement ont l'air brave. Hier à 10 heures, au moment du bombardement (8e batterie), ils ont refusé de rentrer dans les abris. Je suis fier d'eux, car chaque commandant de batterie fait des éloges. A mon tour, je relève leur moral par tous les moyens, car je désirerais que mon cher pays soit inscrit sur l'histoire de la civilisation.

Voici un extrait d'une lettre collective portant la signature de plus de 600 Malgaches :

Nous, les Malgaches de..., nous vous remercions sincèrement, mon Colonel, de nous avoir permis de servir la France comme artilleurs, au milieu de nos camarades blancs, et d'avoir toujours veillé sur nous comme sur vos propres enfants.

Grâce à vous, mon Colonel, les enfants de Madagascar ont eu le grand honneur de prendre leur part de peine et de souffrance pour la défense de la mère patrie, comme leur part de sa gloire et de sa joie dans la victoire.

Enfin, cette autre :

Tout ce que nous avons vu durant notre séjour en

France n'a fait qu'accroître notre amour pour elle. Nous ne changerons pas. Rentrés chez nous, nous resterons les fils adoptifs, mais les dignes fils d'une si noble, d'une si digne mère...

RAINIBOTOVAO,
Adjudant.

Je citerai, pour terminer, cette lettre de M. le général Berdoulat, gouverneur militaire de Paris, dont je n'ai pas besoin de rappeler ici les magnifiques exploits pendant la guerre.

Nul mieux que lui n'est qualifié pour apprécier nos soldats malgaches.

Je vous communique ci-jointe, une lettre reçue avant la guerre, de mon adjudant du 1er malgache, Rainitsimba. Sa famille se composait de sa femme et neuf enfants. Quel Français ne serait fier d'avoir signé pareille lettre? Dès la déclaration de guerre, il a fait partie du premier bataillon de volontaires qui fut d'abord envoyé en Tunisie, à Gabès. De là, il m'écrivait pour réclamer son envoi sur le front. Il a combattu pendant trois ans et, envoyé à Madagascar, m'a fait des adieux en m'écrivant qu'il allait dire à ses compatriotes tout ce qu'il avait vu et leur montrer combien la France méritait qu'on meure pour elle.

Ces sentiments ne sont pas isolés. Une compagnie malgache, envoyée en travailleurs devant Laffaux, en avril 1917, m'a demandé à prendre part à l'attaque. Elle s'y est vaillamment conduite.

A l'offensive du 18 juillet, je disposais d'un bataillon malgache qui y a mérité une citation à l'ordre de l'armée. Je pourrais multiplier ces exemples. Ceux-ci suffiront à prouver à ceux qui nous dénient toute aptitude à la colonisation, que si nous sommes malhabiles à exploiter les ressources de nos vaincus d'hier, nous savons du moins gagner leurs cœurs.

C'est là le plus beau titre de gloire des troupes coloniales.

BERDOULAT.

*
* *

Messieurs, je m'excuse, auprès de vous, de cette lecture qui vous a paru sans doute un peu fastidieuse. Je désirais, non seulement vous dire ce qu'avaient fait nos Malgaches, mais aussi vous montrer un peu de leur âme, de leurs pensées intimes, qui expliquent et font comprendre pourquoi s'est si magnifiquement comportée une race peu guerrière de nature, mais capable de reconnaissance, de fidélité, de dévouement.

Ce résultat fait honneur non seulement à nos Malgaches, mais aussi, ainsi que le disait le général Berdoulat dans sa lettre, dont je viens de vous donner lecture, à l'œuvre et à la puissance colonisatrice de la France.

Il fait honneur également aux gouverneurs qui m'ont précédé dans la grande île et qui ont rendu si facile la tâche de leurs successeurs.

Le premier d'entre eux, le général Galliéni, dont la mémoire est restée si chère, là-bas comme ici, a laissé, particulièrement aux Parisiens dont il a préservé la ville de la souillure ennemie, un si impérissable souvenir de gloire militaire que le reste de son œuvre, si belle cependant, s'efface presque devant elle.

Il fut le Pacificateur, le Fondateur, l'Organisateur. Lorsqu'il quitta ses fonctions, après plusieurs années magnifiquement remplies, il restait une tâche à accomplir.

La société malgache demeurait attentive à nos gestes. Des changements utiles, nécessaires, mais profonds étaient survenus : dans *l'ordre social*, par la suppression de l'esclavage, des privilèges abusifs de la noblesse; dans *l'ordre économique*, par la création de moyens inconnus jusque-là : chemins de fer, routes carrossables ; dans *l'ordre fiscal* surtout, par l'établissement d'un régime nouveau d'impôts et de prestations. Il avait fallu partir de la libre fantaisie, qui régnait sous le gouvernement malgache, pour arriver à l'ordre et à la régularité : mais vous savez comme moi que la régularité dans la perception des impôts n'est pas toujours appréciée par ceux qui les payent, surtout lorsque, jusque-là, ils y échappaient indûment.

Une sorte d'inquiétude vague subsistait donc. La société malgache était comme un convalescent après une opération chirurgicale, même parfaitement réussie; il fallait lui redonner le goût à la vie.

Il fallait donner à nos sujets malgaches confiance dans l'avenir, les amener à produire davantage par le désir de plus de bien-être, par la notion des avantages de l'épargne, qui ne peut aller sans le sentiment de la sécurité des lendemains.

Ce fut à cette œuvre essentielle, fondement de toute colonisation, que, parmi tant d'autres, s'attacha principalement M. le gouverneur général Augagneur. Grâce à sa connaissance des hommes et des choses, à son sens profond de la justice, il sut la réaliser avec bonheur.

Et, avant qu'il eût quitté la colonie, elle était mûre pour le magnifique essor matériel et moral qui s'affirmait déjà et qui donne, pour l'avenir, les plus belles espérances.

*
* *

Messieurs, lorsque nos 45.000 Malgaches rentreront dans leurs foyers, ils doivent constituer pour nous, si nous savons nous y prendre, un appui politique de premier ordre. Ils contribueront à faire aimer et admirer la France par leurs compatriotes.

Je sais bien que l'on a dit, peut-être avec raison : « Il n'y a pas de grand homme pour son valet de chambre. » Je pense qu'il n'est généralement pas sans inconvénients que les indigènes vivent dans l'intimité des Européens. Nous n'avons pas que des qualités, et, celles-ci, le plus souvent, ils ne peuvent pas les comprendre ; ils sont bien plus aptes à observer, à retenir, voire même à exagérer nos défauts.

Mais, dans le cas qui nous occupe, nous n'avons rien de pareil à redouter.

Pendant plus de quatre années, malgré ses deuils, ses ruines, toutes ses misères, malgré les heures critiques, tragiques même, la France n'a pas eu un instant de défaillance. Elle a toujours vécu en beauté.

Et, ce que nos Malgaches ont surtout vu de la France, c'est, précisément, ce qu'elle avait de plus beau : nos modestes poilus des tranchées ou des batteries. Ils ont pu admirer leur résignation stoïque dans la souffrance, leur courage devant la mort.

Ils ont vu de près ces hommes, tels que n'en a peut-être produit aucune génération, tels que n'en produira peut-être plus aucune génération dans l'avenir (souhaitons d'ailleurs qu'elles n'en aient pas besoin) ; ces hommes qui, avec le recul des temps, apparaîtront dans l'histoire plus grands encore, ce qu'ils sont réellement : dignes des demi-dieux des mythologies antiques.

Ils ont vécu dans une telle atmosphère d'héroïsme qu'ils s'en sont imprégnés, qu'ils sont devenus des héros, eux aussi.

Soyons donc sans crainte : après de telles visions, ce que nos Malgaches emporteront chez eux, ce ne peut être qu'une image très haute et très noble de la France et une admiration immense pour ses valeureux soldats.

*
* *

Mais, ce n'est pas tout, ces hommes constitueront une *force économique* nouvelle. Ils ont pris l'habitude de l'effort soutenu et discipliné; ils ont aussi pris le goût de plus de confortable, du moins dans leur nourriture et dans leur vêtement : ils devront travailler davantage pour le satisfaire.

En outre, beaucoup ont appris un métier : les *sapeurs*, les *cordiers*, les *mécaniciens* du génie, les *radiotélégraphistes,* les *conducteurs d'automobiles* de l'artillerie, les *bouchers,* les *charcutiers,* les *tailleurs,* les *cordonniers* de l'Intendance, les *ouvriers* de toutes catégories, employés dans les usines. Tous ces hommes constitueront des spécialistes précieux pour les entreprises de nos colons. Les anciens gradés doivent faire d'habiles commandeurs pour les chantiers.

Tout ceci, bien entendu, si nous savons les utiliser. Il n'en serait évidemment plus de même si ces Malgaches ne trouvaient pas, à leur retour chez eux, la bienveillance et la sollicitude à laquelle ils ont droit.

*
* *

Je n'aurai garde, Mesdames et Messieurs, d'oublier les colons et fonctionnaires de Madagascar mobilisés : ils ont fait leur devoir comme les camarades. Citer individuellement leurs exploits exigerait plusieurs conférences. Mais ce que je puis dire, c'est que, dans le Livre d'Or de la guerre, Madagascar aura droit à de nombreux feuillets.

Je dois une mention spéciale à ceux qui m'ont aidé dans le recrutement[1], puis dans la préparation technique et surtout morale[2] de nos indi-

1. Je citerai tout particulièrement M. le général Gautheron, commandant supérieur des troupes, les chefs de province et de district, dont un certain nombre furent, sur ma proposition, cités à l'ordre du pays; certains officiers qui s'appliquèrent particulièrement à cette tâche : MM. les capitaines de réserve Sisteron et Leroy, etc., etc. Enfin, M. le médecin inspecteur Duvignau, le docteur Salvat, directeur de l'Institut Pasteur de Tananarive, qui montrèrent un dévouement admirable et un zèle éclairé dans les soins à donner aux Malgaches nouvellement recrutés.

2. En particulier : M. le lieutenant-colonel Glandu, MM. le capitaine Leroy (colon), le capitaine Barrailler et les lieutenants Besson et Lorin (administrateurs de Madagascar), les lieutenants et sous-lieutenants Guichon, Pintard et Agostini (des services civils de la colonie), le lieutenant Groléas (colon), le sous-lieutenant Gaillard (colon), les maréchaux des logis Pouperon, Pechmarty (administrateurs), le lieutenant Berthoumeau (directeur des chemins de fer de la colonie), le sergent-major Pagnier (du service des automobiles de Madagascar), le sergent Lavigne (colon), l'adjudant Bénazet et le maréchal des logis Rambaud (des services civils), le sergent Cotte (des Missions de Madagascar), les maréchaux des logis Savaron et Ricco (colons), le sergent-major Vasseur (de la garde indigène), l'adjudant Mougin (des haras), l'adjudant-chef Gardès (commissaire de police), les maréchaux des logis Aubourg, Piétri et Paillot (des travaux publics), Tonnaire (des douanes), lieutenant Génot (garde indigène).

gènes, à ceux qui les ont encadrés sur le front[1], à ceux enfin qui les ont commandés dans la bataille et dont beaucoup furent tués ou blessés à leur tête[2].

1. Le capitaine Perrin (du Trésor de Madagascar), le capitaine Zipcy, le lieutenant Grise (administrateurs de la ville), les capitaines Huet et Dibard de la Ville Tanet (inspecteurs de la garde indigène), les lieutenants Berge (administrateur), Gendet (colon), Héfler (commissaire de police), Durand-Huardel (colon).

2. Le commandant Groine (ancien officier du corps d'occupation de Madagascar), le capitaine Muscatelli (inspecteur de la garde indigène), le lieutenant Mauxion (colon), le sous-lieutenant Bulteau (du service des douanes), l'adjudant-chef Poulet (colon), le sergent Lannois (commis auxiliaire des services civils), le sergent Lonca (du service topographique), etc., furent tués à la tête des Malgaches.

Le capitaine Doublet (colon), le lieutenant Jacob (colon), le capitaine Giocanti (administrateur), l'adjudant-chef Gardot (de la douane), le capitaine Galtié (du service de l'agriculture), le lieutenant Philip (administrateur), le lieutenant d'Ortoli (des douanes), le sous-lieutenant Pilot Deblenne (colon), les sous-lieutenants Devos et Ducorbier, l'adjudant-chef Hugues, etc., etc., furent blessés dans les mêmes conditions.

Je m'en tiens aux seuls Européens de Madagascar qui commandaient des Malgaches au moment où ils furent tués ou blessés. J'ai d'ailleurs beaucoup de peine à résister au désir que j'aurais — en dehors de ceux qui servaient avec nos indigènes de la grande île — de citer certains hauts faits que je connais, de colons (dont l'un, en particulier, se couvrit de gloire dans la défense de la fameuse cote 240, à Reims) ou de fonctionnaires mobilisés. Mais, si j'entrais dans cette voie, je ne pourrais plus m'arrêter, et, ainsi que je l'ai dit plus haut, ce serait sortir du

Et si nos Malgaches se sont si bien comportés c'est, en grande partie, grâce au magnifique exemple des chefs qui les ont conduits sur les chemins de la victoire.

S'ils sont si fiers d'avoir combattu sous nos drapeaux, côte à côte avec leurs grands frères blancs, c'est, je le disais tout à l'heure, qu'ils ont pu admirer leur vaillance et leur esprit de sacrifice.

Ainsi s'est scellée une union sacrée nouvelle, non plus seulement entre Français de la métropole, mais entre tous les fils de France épars dans le monde : union sacrée riche d'espérances et d'heureux présages pour l'avenir.

cadre de cette conférence. Je veux signaler cependant l'héroïsme dont a fait preuve, en particulier, dans toutes les circonstances, le personnel européen de la garde indigène de Madagascar et le tribut exceptionnellement lourd, en tués et blessés, que ce corps a offert à la défense nationale.

J'ai encore un devoir de reconnaissance à remplir : c'est de remercier ici, au nom de tous nos Malgaches, le Comité de protection des tirailleurs et travailleurs malgaches, particulièrement M. Buhan, son président, M. Le Cesne, son trésorier (président du Comité d'assistance des troupes noires), M. Pegard, son secrétaire qui, par leur zèle infatigable, leur sollicitude attentive, ont contribué, dans une large mesure, à soutenir le moral de ces soldats indigènes.

*
* *

J'ai fini. Permettez-moi, en terminant, de citer ces belles paroles de l'abbé Gérôme Coignard à son disciple Jacques Tournebroche : « Les vérités découvertes par l'intelligence demeurent stériles ; le cœur est seul capable de féconder ses rêves. C'est par le sentiment que les semences du bien ont été jetées sur le monde. »

Pour bien diriger nos sujets coloniaux dans les voies du progrès et de la civilisation, il faut les bien connaître. Lorsqu'on les aime, on est bien près de les connaître et de les comprendre.

TYPOGRAPHIE FIRMIN-DIDOT ET Cie. — MESNIL (EURE)

www.ingramcontent.com/pod-product-compliance
Lightning Source LLC
LaVergne TN
LVHW020409230826
846091LV00004B/1210

9782012895904